Semifreddos

Gefrorene Desserts
leicht und cremig

OHNE EISMASCHINE

Élise Delprat-Alvares

Gestaltung von Aude Royer / Fotografien von Olivier Ploton

Inhalt

Semifreddo

Eis made in Italy, ohne Eismaschine zubereitet

Semifreddo ist ein traditionelles geeistes Dessert aus Italien, ebenso wie seine bekannten Verwandten Tiramisu, Pannacotta und Panettone. Wörtlich übersetzt heißt es „halb-gefroren", weil man es nicht so fest gefroren wie Eis isst; es ist sämig und sehr cremig.

Die Basis von Semifreddo besteht immer aus Eiern (ganz oder nur Eigelb, je nach Rezept), Zucker und geschlagener Sahne. Davon ausgehend gibt es unzählige Varianten. Je nach Saison aromatisiert man es mit Vanille oder Gewürzen, gibt Obst oder Pürees hinzu, Baiser, Schalen von Zitrusfrüchten, Kekse, Schokolade oder auch Honig...

Eigentlich kann es gar nicht misslingen, für dieses Eis braucht man weder eine Eismaschine noch ruft es Angstschweiß hervor... man braucht nur ein Gefrierfach. Die Zubereitung geht auch sehr schnell, sie dauert nur 20 Minuten; hinzu kommt noch die Zeit für den Gefriervorgang. Bis zum Genießen muss man sich dann nur noch 10 bis 15 Minuten gedulden, damit diese köstliche cremige Masse auch die Bezeichnung „halb-gefroren" verdient!

Elegant und raffiniert findet das Semifreddo seinen Platz auf den sommerlichen Tischen, wo man sich nach Frische sehnt, ebenso wie auf den großen Festtafeln. Servieren Sie es in Kelchgläsern, Schälchen oder in einer Kastenform, jeder Look ist erlaubt! Ein Kleks Sahne verleiht ihm einen hochsommerlichen Anblick, dekoriert mit ein paar Macarons oder eingelegten Früchten nimmt es festlichen Glanz an... *Bellissimo!*

Einfach, preisgünstig und sehr praktisch (man kann es einige Tage vorher zubereiten) – das Semifreddo ist der Trumpf, wenn Sie Ihre Familie oder Freunde bestechen wollen. Es wird von den kleinen Eisliebhabern ebenso verehrt wie von den großen und hat schließlich nur einen Fehler: die sofortige Suchtgefahr!

Also, Zeit für ein dolce vita mit diesen 30 Rezepten, die man am besten mit geschlossenen Augen genießt. Garantiert finden sie auch diesseits der Alpen eine Heimat!

Ein Semifreddo herstellen
ohne Risiko!

Ein Semifreddo, das ist zunächst Sahne mit Eiern und Zucker, dann kommen Früchte, Karamell und Schokolade hinzu... und etwas Geduld.

1. Die Sahne steif schlagen und mit Puderzucker zuckern. In den Kühlschrank stellen.

2. In einer Schale die Eigelbe mit Zucker zu einer hellen Masse schlagen. Je nach Rezept die Schale in ein Wasserbad stellen und Sirup unterrühren, bis die Masse dicklich wird und am Quirl klebt. Weiterrühren, bis sie erkaltet ist.

3. Die Eiweiße zu Schnee schlagen. Je nach Rezept für den Geschmack zum Beispiel Honig zufügen.

4. Die Eiweiße mit einem Spachtel vorsichtig unter die Sahne heben. Dann wie angegeben Obstpüree, Zitronen- oder Orangenschale, Baiser... zufügen.

5. Die Creme auf die Schale(n) Ihrer Wahl aufteilen, glatt streichen und für mindestens 4 bis 6 Stunden in das Gefrierfach stellen.

6. Das Semifreddo 10 bis 15 Minuten vor dem Verzehr aus der Form lösen. Eventuell noch einen Kleks Sahne, Püree o.ä. dazugeben und genießen.

4

5

6

Zitronensemifreddo
der Klassiker aus Italien

Zubereitung: 30 Min.
Kochen: 5 Min.
Gefrieren: mindestens 5 bis 6 Std.

Für 6 Personen

3 unbehandelte Zitronen
45 g Zitronat
1 unbehandelte Limette
330 ml gekühlte Sahne
30 g Puderzucker
120 g feiner Zucker
4 Eigelb
3 Eiweiß

1. Die Sahne nicht zu steif schlagen, Puderzucker zugeben und in den Kühlschrank stellen.

2. Die Zitronen abwaschen, die Schale abreiben und den Saft auspressen. Saft und Schale mit Zucker und Eigelb in einen Topf geben. Bei milder Hitze erwärmen und mit einem elektrischen Rührgerät zu einer hellen Creme schlagen – das dauert etwa 5 Minuten. Die Creme in eine Schüssel umfüllen und 2 bis 3 Minuten weiterschlagen, bis sie ganz abgekühlt ist.

3. Das Zitronat in kleine Würfel schneiden und zur gefrorenen Masse geben.

4. Die Eiweiß zu Schnee schlagen und vorsichtig unter die gefrorene Masse heben. Ebenso die Sahne mit einem Spatel unterziehen.

5. Die Zitronencreme in kleine Förmchen oder eine große, mit Frischhaltefolie ausgelegte Kuchenform geben. Mit Folie abdecken und mindestens 5 bis 6 Stunden in das Gefrierfach stellen.

6. Die Limette waschen und die Schale abreiben. Das Semifreddo 10 Minuten vor dem Verzehr aus der Form stürzen und mit der Limettenschale bestreuen.

Schon gewusst?

Das Zitronensemifreddo gehört zu den klassischen italienischen Desserts, ebenso wie das Tiramisu oder die Pannacotta..

Haselnuss-Semifreddo
mit Schokoladensoße

Zubereitung: 20 Min.
Kochen: 5 Min.
Gefrieren: mindestens 5 bis 6 Std.

Für 6 Personen

80 g Nusscreme (aus dem Bioladen)
40 g grob gemahlene Haselnüsse
30 g fein gemahlene Haselnüsse
170 g feiner Zucker
4 Eigelb
330 ml gekühlte Sahne

Für die Schokoladensoße
140 g Milchschokolade
100 ml Sahne
20 g feiner Zucker

1. Den Zucker mit 50 ml Wasser in einem Topf bei milder zu Sirup einkochen – die Temperatur sollte 115° C erreichen.

2. Die Eigelbe in einer Schale schlagen, dann den Sirup in einem dünnen Strahl zugeben und dabei noch 2 Minuten weiterschlagen, bis die Masse lauwarm ist. Die Nusscreme unterrühren.

3. Die Sahne nicht zu steif schlagen und vorsichtig unter die Masse ziehen. Die grob gemahlenen Haselnüsse zufügen.

4. Die fein gemahlenen Haselnüsse auf den Boden kleiner Förmchen oder einer mit Frischhaltefolie ausgelegten Kuchenform streuen. Die Nusscreme darübergeben, glatt streichen und mit Folie bedecken. Mindestens 5 bis 6 Stunden in das Gefrierfach stellen.

5. Die Schokoladensoße zubereiten. In einem Topf die gehackte Schokolade bei milder Hitze erwärmen, Sahne, Zucker und 200 ml Wasser zufügen. Alles gut mischen, bis eine homogene Soße entsteht. Abkühlen lassen und in den Kühlschrank stellen.

6. 10 Minuten vor dem Servieren das Semifreddo aus der Form stürzen. Die Schokoladensoße leicht erwärmen und lauwarm dazu reichen.

Semifreddo
mit Spekulatius

Zubereitung: 25 Min.

Kochen: 5 Min.

Gefrieren: mindestens 5 bis 6 Std.

Für 6 Personen

100 g Spekulatius

2 ½ EL Spekulatiuscreme

50 g Akazienhonig

4 Eier

50 g feiner Zucker

200 ml gekühlte Sahne

1. Die Eier trennen. Die Eigelbe mit Zucker zu einer hellen, cremigen Masse schlagen.

2. Den Honig bei milder Hitze erwärmen. Die Eiweiße zu Schnee schlagen, den warmen Honig in einem dünnen Strahl unterrühren und anschließend unter die Eigelb-Zucker-Masse ziehen.

3. In einem Topf die Spekulatiuscreme bei milder Hitze schmelzen, dabei mit einem Holzlöffel ständig rühren. Wenn sie flüssig wird, die Creme in eine Schüssel gießen und abkühlen lassen.

4. Die Sahne nicht zu steif schlagen und unter die Eimasse heben, ebenso die Spekulatiuscreme.

5. Die Spekulatius grob zerkleinern. Die Hälfte der Creme in kleine Förmchen aus Silikon oder in eine mit Frischhaltefolie ausgelegte Kuchenform geben, die Spekulatius darauf verteilen und die restliche Creme daraufgeben. Mit Folie abdecken und für mindestens 5 bis 6 Stunden in das Gefrierfach stellen.

6. Das Semifreddo 10 bis 15 Minuten vor dem Servieren aus der Form stürzen.

Tipp: Dieses Semifreddo schmeckt mit etwas Apfelkompott noch besser.

Erdbeersemifreddo
mit Mandeln und Vanille

Zubereitung: 30 Min.
Gefrieren: mindestens 5 bis 6 Std.

Für 6 Personen

250 g Erdbeeren
1 Vanilleschote
50 g gehobelte Mandeln
1 EL Zitronensaft
120 g feiner Zucker
4 Eier
200 ml gekühlte Sahne

1. Die Erdbeeren waschen, entstielen und in Stücke schneiden. Im Mixer mit dem Zitronensaft und 20 g Zucker pürieren.

2. Die Eier trennen. Die Eigelbe in einer Schüssel mit dem restlichen Zucker zu einer hellen Masse schlagen. Die Vanilleschote längs aufschneiden, das Innere herauskratzen und zur Masse geben. Die Schüssel in ein Wasserbad mit kochendem Wasser stellen und die Masse mit einem elektrischen Rührgerät 3 Minuten schlagen, bis sie dicklich ist und am Quirl kleben bleibt. Vom Herd nehmen und noch 1 Minute weiterschlagen, bis die Masse vollständig erkaltet ist.

3. Die Eiweiße zu Schnee schlagen. Die Sahne nicht zu steif schlagen und beides nach und nach vorsichtig unter die Ei-Zucker-Creme ziehen. Ebenso zwei Drittel des Erdbeerpürees unterheben.

4. Die Hälfte der Creme auf Schälchen oder eine mit Frischhaltefolie ausgelegte Kuchenform verteilen, eine Schicht Erdbeerpüree daraufgeben und mit der restlichen Creme bestreichen. Mit Folie abdecken und 5 bis 6 Stunden in das Gefrierfach stellen.

5. Die Mandeln in einer antihaftbeschichteten Pfanne rösten.

6. 10 bis 15 Minuten vor dem Servieren das Semifreddo aus der Form stürzen und mit den gerösteten Mandeln bestreuen.

Kaffeesemifreddo
mit Pistazien

Zubereitung: 20 Min.
Kochen: 10 Min.
Gefrieren: mindestens 5 bis 6 Std.

Für 6 Personen

80 ml Espresso
80 g naturbelassene,
geschälte Pistazien
4 Eier
120 g feiner Zucker
+ 1 EL
200 ml gekühlte Sahne
Kaffee-Schokobohnen

1. Die Eier trennen. Die Eigelbe in einem Topf mit 120 g Zucker zu einer hellen Masse schlagen. Den Espresso unterrühren und die Masse bei milder Hitze erwärmen. Dabei ständig rühren, bis die Creme am Löffel kleben bleibt. In eine Schüssel füllen und abkühlen lassen.

2. Die Pistazien 2 Minuten in einer antihaftbeschichteten Pfanne ohne Fett rösten, dabei ständig wenden. Mit dem restlichen Zucker bestreuen und 1 Minute karamellisieren lassen. Auf einem Teller abkühlen lassen.

3. Die Sahne nicht zu steif schlagen. Die Eiweiße zu Schnee schlagen und mit einem Spatel nach und nach vorsichtig unter die kalte Kaffeecreme ziehen.

4. Die karamellisierten Pistazien in einem Mörser grob zerkleinern und unter die Creme mischen. In eine Silikonschale oder eine mit Frischhaltefolie ausgelegte Kuchenform geben. Glatt streichen, mit Folie abdecken und für mindestens 5 bis 6 Stunden in das Gefrierfach stellen.

5. 10 bis 15 Minuten vor dem Servieren das Semifreddo aus der Form stürzen und mit den Schoko-Kaffeebohnen dekorieren.

Variante: Nehmen Sie zusätzlich noch 20 g Pistazien und dekorieren Sie das Semifreddo damit anstatt mit Schoko-Kaffeebohnen.

Semifreddo für Verliebte
mit Passionsfrüchten

Zubereitung: 20 Min.
Gefrieren: mindestens 5 bis 6 Std.

Für 6 Personen

5 Passionsfrüchte
4 Eier
120 g feiner Zucker
200 ml gekühlte Sahne
10 dünne Waffelkekse
mit dunkler Schokolade

1. Die Eier trennen. Die Eigelbe mit dem Zucker zu einer hellen Creme schlagen.

2. Die Eiweiße zu Schnee, die Sahne nicht zu steif schlagen und beides nach und nach vorsichtig unter die Ei-Zucker-Creme ziehen.

3. Die Passionsfrüchte halbieren und das Fruchtfleisch herausschneiden. Etwas zum Dekorieren auf die Seite legen und den Rest zur Creme geben.

4. Die Kekse zerbröseln. Die Hälfte der Creme in Schälchen oder eine mit Frischhaltefolie ausgelegte Kuchenform geben. Mit den zerbröselten Keksen bestreuen und eine weitere Cremeschicht darauf verteilen. Mit Folie abdecken und für mindestens 5 bis 6 Stunden in das Gefrierfach stellen.

5. 10 bis 15 Minuten vor dem Servieren das Semifreddo aus der Form stürzen und mit dem Fruchtfleisch der Passionsfrucht anrichten.

Tipp: Servieren Sie das Semifreddo mit 3 oder 4 Schokoladen-Macarons und nehmen Sie zum Einfrieren eine Herzform. Dann haben Sie ein perfektes Dessert für Verliebte.

Nougatsemifreddo
mit Himbeerpüree

Zubereitung: 20 Min.
Kochen: 5 Min.
Gefrieren: mindestens 5 bis 6 Std.

Für 8 Personen

150 g weicher Nougat
1 Vanilleschote
4 EL Vollmilch
150 g feiner Zucker
+ 2 EL
5 Eigelb
330 ml gekühlte Sahne

Für das Himbeerpüree

300 g Himbeeren
40 g Puderzucker
1 EL Zitronensaft

1. Das Himbeerpüree zubereiten. In einem Mixer 200 g Himbeeren mit dem Puderzucker und Zitronensaft pürieren. Zur Seite stellen.

2. Das Innere der Vanilleschote mit einem scharfen Messer herauskratzen. In einem Topf die Milch mit 2 Esslöffeln Zucker und der Vanille bei milder Hitze kochen. Abkühlen lassen.

3. Die Eigelbe in einer Schüssel mit dem restlichen Zucker zu einer hellen Masse schlagen. Die Schüssel in ein Wasserbad mit kochendem Wasser stellen und 4 Minuten mit einem elektrischen Rührgerät schlagen, bis die Creme am Mixer kleben bleibt. Vom Herd nehmen, die Vanillemilch zugeben und 1 Minute weiterschlagen, bis sie erkaltet ist.

4. Die Sahne schlagen und mit einem Spatel vorsichtig unter die Creme heben. Den Nougat in kleine Stückchen schneiden und dazugeben.

5. Die Hälfte der Nougatcreme in kleine Förmchen oder eine mit Frischhaltefolie ausgelegte Kuchenform geben, das Himbeerpüree darauf verteilen und die restliche Nougatcreme darüber verstreichen. Mit Folie abdecken und mindestens für 5 bis 6 Stunden in das Gefrierfach stellen.

6. 10 bis 15 Minuten vor dem Servieren das Semifreddo aus der Form stürzen und mit Himbeeren dekorieren.

Tipp: Wenn Sie die Creme in die Form(en) gefüllt haben, ziehen Sie mit der Messerklinge im Zickzack-Muster darüber. So erzielen Sie einen schönen Marmoreffekt.

Nektarinensemifreddo
mit Amaretti-Keksen

Zubereitung: 20 Min.
Marinieren: 5 Min.
Gefrieren: mindestens 5 bis 6 Std.

Für 6 Personen

5 gelbfleischige Nektarinen
100 g Amaretti-Kekse
60 g feiner Zucker
1 EL Zitronensaft
330 ml gekühlte Sahne
50 geschälte Mandeln

Tipp: Dekorieren Sie das Semifreddo mit einer zusätzlichen, in feine Spalten geschnittenen Nektarine sowie mit Amaretti-Bröseln und Mandelstiften.

1. Die Nektarinen für 2 Minuten in eine Schüssel mit kochendem Wasser tauchen, mit einem Schaumlöffel herausnehmen und schälen. Das Fruchtfleisch in Stücke schneiden und mit dem Zucker und Zitronensaft mischen. 5 Minuten marinieren lassen, dann den Saft filtern und das Fruchtfleisch fein pürieren.

2. Die Sahne schlagen und das Nektarinenpüree untermischen.

3. Die Amaretti-Kekse und die Mandeln im Mörser grob zerkleinern. Die Hälfte der Nektarinencreme in kleine Silikonförmchen oder eine mit Frischhaltefolie ausgelegte Kuchenform geben, eine Schicht Amaretti-Brösel und zerkleinerte Mandeln darauf verteilen und die restliche Nektarinencreme darüber verstreichen. Mit Folie abdecken und mindestens für 5 bis 6 Stunden in das Gefrierfach stellen.

4. Das Semifreddo 10 Minuten vor dem Servieren aus der Form nehmen.

Krokantsemifreddo
mit Mandeln, Schokolade und Baiser

Zubereitung: 30 Min.
Gefrieren: mindestens 5 bis 6 Std.

Für 8 Personen

80 g ganze Mandeln
250 g Milchschokolade
30 g kleine Baisers
3 Eier
25 g flüssiger Honig
70 g feiner Zucker
330 ml gekühlte Sahne
1 TL Vanillearoma (Pulver)

1. Die Mandeln in einer Pfanne ohne Fett 4 Minuten rösten, dabei immer wieder mit einem Holzlöffel wenden. Anschließend mit der Schokolade grob zerkleinern.

2. Die Eier trennen. Die Eigelbe mit dem Honig und Zucker zu einer hellen Masse schlagen. Die Eiweiße zu Schnee schlagen, dann die Ei-Zucker-Masse unterziehen.

3. Die Sahne schlagen, das Vanillepulver dazugeben und vorsichtig unter die Creme heben.

4. Die Baisers grob zerbröseln. Die Vanillecreme in kleine Silikonförmchen oder eine mit Frischhaltefolie ausgelegte Kuchenform geben. Mit Baiserbröseln und den Mandel-Schokosplittern bestreuen. Für 5 bis 6 Stunden in das Gefrierfach stellen.

5. Das Semifreddo 10 bis 15 Minuten vor dem Servieren aus der Form lösen.

Tipp: Um die Schokolade und die Mandeln zu zerkleinern, geben Sie sie in einen Gefrierbeutel, verschließen Sie ihn gut und fahren mit einer Teigrolle mehrmals darüber.

Tipp: Um den Krokant-Effekt noch zu verstärken, schichten Sie die Creme abwechselnd mit den Baiserbröseln und den Mandel-Schokosplittern in die Form(en). Die oberste Schicht sollte Creme sein. Mit Folie abdecken, bevor Sie das Semifreddo in das Gefrierfach stellen.

Für schöne Semifreddos sind alle Formen erlaubt! Man kann sie einfach in eine mit Frischhaltefolie ausgelegte Kuchenform füllen. Wenn Sie Silikonformen verwenden, müssen diese weder eingefettet noch ausgekleidet werden. Das Semifreddo lässt sich ganz leicht daraus lösen.

Bevor Sie die Creme ins Gefrierfach stellen, sollte sie gut mit Frischhaltefolie abgedeckt werden: So trocknet sie garantiert nicht an der Oberfläche aus...

Damit die Creme am Ende schön sämig wird, sollte die Sahne nicht zu steif geschlagen werden.

Ein paar Worte über cremiges Semifreddo

Das Geheimnis perfekter Sahne? Nehmen Sie frische, gekühlte Sahne und legen Sie vor dem Schlagen auch die Aufsätze des elektrischen Handrührers und die Schüssel für 10 Minuten in das Gefrierfach!

Eiweiße lassen sich besser zu Schnee schlagen, wenn sie Raumtemperatur haben.

Das italienische Semifreddo ist verwandt mit dem französischen Parfait und bekannt für seine cremige Struktur. Wie das Parfait besteht es aus geschlagener Sahne, Eiern und Zucker.

Mascarpone-Semifreddo
mit Himbeeren und Rhabarber

Zubereitung: 25 Min.
Gefrieren: mindestens 5 bis 6 Std.

Für 6 Personen

250 g Mascarpone
250 g Himbeeren
3 EL Rhabarber-Marmelade
2 EL Zitronensaft
30 g Puderzucker
3 Eier
60 g Zucker
40 g Baiser

1. Die Himbeeren im Mixer mit dem Zitronensaft und Puderzucker pürieren.

2. Die Eier trennen. Die Eigelbe mit dem Zucker schlagen, die Mascarpone dazugeben und alles zu einer homogenen Masse verrühren.

3. Die Eiweiße zu Schnee schlagen und unter die Mischung ziehen.

4. Etwas Rhabarber-Marmelade glatt rühren und zur Creme geben.

5. Die Baisers zerbröseln und in eine mit Frischhaltefolie ausgelegte Kuchenform geben. Zwei Drittel der Creme darauf verteilen, dann das Himbeerpüree und schließlich die restliche Creme darauf verstreichen. Mit Folie abdecken und für 5 bis 6 Stunden in das Gefrierfach stellen.

6. 10 bis 15 Minuten vor dem Servieren aus der Form nehmen.

Schnelles Semifreddo
mit gezuckerter Kondensmilch

Zubereitung: 25 Min.
Kühlen: 20 Min.
Gefrieren: mindestens 5 bis 6 Std.

Für 6 bis 8 Personen

400 g gezuckerte Kondensmilch
6 unbehandelte Limetten
330 ml gekühlte Sahne
10 g Puderzucker
200 g Palets Bretons
(dicke, bretonische
Butterkekse; ersatzweise
einfache Butterkekse)

1. Die Limetten waschen, die Schale reiben und den Saft auspressen. Beides mit der Kondensmilch verrühren.

2. Die Sahne schlagen, den Puderzucker unterrühren und vorsichtig unter die Kondensmilch ziehen.

3. Mit einer Küchenmaschine die Kekse fein zerbröseln. Ein Drittel der Limettencreme in Förmchen oder in eine mit Frischhaltefolie ausgelegte Kuchenform geben. Mit einem Spachtel glatt streichen, die Hälfte der Keksbrösel darüberstreuen und für 10 Minuten in den Kühlschrank stellen.

4. Eine weitere Cremeschicht daraufgeben, glatt streichen und mit den restlichen Keksbröseln bestreuen. Nochmals für 10 Minuten in den Kühlschrank stellen.

5. Eine letzte Schicht Limettencreme auffüllen, mit Frischhaltefolie bedecken und für 5 bis 6 Stunden in das Gefrierfach stellen.

6. Das Semifreddo 10 bis 15 Minuten vor dem Servieren aus der Form lösen.

Semifreddo light
mit Ananas

Zubereitung: 15 Min.
Gefrieren: mindestens 4 bis 5 Std.

Für 4 Personen

340 g Ananas aus der Dose
1 Eiweiß
30 g feiner Zucker
200 g Naturjoghurt

1. Das Eiweiß zu Schnee schlagen und den Zucker dazugeben. Das Joghurt gut durchrühren und vorsichtig unter den Eischnee ziehen.

2. Die Creme in eine geriffelte Silikonform füllen, die Oberfläche glatt streichen und für mindestens 4 bis 5 Stunden in das Gefrierfach stellen.

3. Die Ananas abtropfen lassen und in Stücke schneiden. Das Semifreddo 5 bis 10 Minuten vor dem Servieren aus der Form lösen und mit Ananasstückchen anrichten.

Variante: Sie können die Ananas auch pürieren und das Püree kurz vor dem Servieren über das Semifreddo geben.

Orientalisches Semifreddo
mit Honig und Orangenblüten

Zubereitung: 30 Min.
Kochen: 5 Min.
Gefrieren: mindestens 5 bis 6 Std.

Für 6 bis 8 Personen

30 g flüssiger Honig
80 g kandierte Orangenschalen
2 EL Orangenblütenwasser
4 Eier
90 g feiner Zucker
50 g geschälte Mandeln
200 ml gekühlte Sahne

Variante: Sie können die Orangenschale auch direkt in die Form geben und die Creme darüberfüllen, anstatt sie unter die Creme zu mischen. Das ergibt eine hübsche Dekoration, wenn das Semifreddo gestürzt ist.

1. Die Eier trennen. In einer Schüssel die Eigelbe mit dem Zucker zu einer hellen Masse aufschlagen. Die Schüssel in ein Wasserbad mit kochendem Wasser stellen und die Mischung 4 Minuten weiterschlagen, bis sie am Rührer kleben bleibt. Dann in eine kalte Schale umfüllen und noch 1 Minute schlagen, bis sie vollständig erkaltet ist.

2. Die Mandeln in einem Mörser zerkleinern. Honig in einem Topf erwärmen. Die Eiweiße zu Schnee schlagen und den Honig in einem dünnen Strahl zugießen, dabei ständig weiterrühren, bis das Eiweiß glänzend und sehr glatt ist. Mit den Mandeln unter die Zucker-Eimasse heben.

3. Die kandierten Orangenschalen in dünne Scheiben schneiden. Die Sahne nicht zu steif schlagen und vorsichtig mit dem Orangenblütenwasser und den Orangenschalen unter die Masse heben.

4. Die Orangencreme in kleine Silikonförmchen oder in eine mit Frischhaltefolie ausgelegte Kuchenform geben und mit einem Spachtel glatt streichen. Mit Folie abdecken und mindestens 5 bis 6 Stunden in das Gefrierfach stellen.

5. Das Semifreddo 10 bis 15 Minuten vor dem Servieren aus der Form lösen.

Birnensemifreddo
mit Krokant verfeinert

Zubereitung: 30 Min.
Kochen: 5 Min.
Gefrieren: mindestens 5 bis 6 Std.

Für 6 bis 8 Personen

400 g Birnen aus der Dose
90 g Krokant
4 Eier
90 g feiner Zucker
30 g flüssiger Honig +
etwas zum Servieren
200 ml gekühlte Sahne

1. Die Eier trennen. In einer Schüssel die Eigelbe mit dem Zucker zu einer hellen Masse aufschlagen. Die Schüssel in ein Wasserbad mit kochendem Wasser stellen und die Mischung 4 Minuten weiterschlagen, bis sie am Rührer kleben bleibt. Dann in eine kalte Schale umfüllen und noch 1 Minute schlagen, bis sie vollständig erkaltet ist.

2. 30 g Honig in einem Topf erwärmen. Die Birnen abtropfen lassen, in Stücke schneiden und zum warmen Honig geben.

3. Die Eiweiße zu Schnee schlagen und unter die Ei-Zuckermasse ziehen.

4. Die Sahne nicht zu steif schlagen und vorsichtig unter die Masse heben. Birnenstücke mit Honig und Krokant unterheben.

5. Die Creme in kleine Silikonförmchen oder in eine mit Frischhaltefolie ausgelegte Kuchenform geben. Mit Folie abdecken und mindestens 5 bis 6 Stunden in das Gefrierfach stellen.

6. Das Semifreddo 10 bis 15 Minuten vor dem Servieren aus der Form lösen und mit etwas Honig begießen.

Schokoladensemifreddo
extrem schokoladig

Zubereitung: 25 Min.
Kochen: 10 Min.
Gefrieren: mindestens 5 bis 6 Std.

Für 8 Personen

90 g dunkle Schokolade
50 g Puffreis, mit
Schokolade überzogen
50 g weiße Schokotröpfchen
330 ml gekühlte Sahne
170 g feiner Zucker
5 Eigelbe
2 EL Kakaopulver

1. Die dunkle Schokolade schmelzen und abkühlen lassen. Die Sahne nicht zu steif schlagen, in den Kühlschrank stellen.

2. Den Zucker mit 50 ml Wasser bei milder Hitze zu einem Sirup einkochen – die Temperatur sollte bei 115° C liegen.

3. Die Eigelbe mit einem elektrischen Rührgerät schlagen, den Sirup in einem dünnen Strahl unterrühren. Noch 2 Minuten weiterrühren, bis die Masse lauwarm ist.

4. Den Puffreis in einem Gefrierbeutel mit einer Teigrolle zerkleinern und mit den weißen Schokotröpfchen zur Eimasse geben. Nach und nach die geschmolzene Schokolade und die Sahne unterziehen.

5. Die Schokoladencreme in kleine Silikonförmchen oder in eine mit Frischhaltefolie ausgelegte Kuchenform geben. Mit Folie abdecken und mindestens 5 bis 6 Stunden in das Gefrierfach stellen.

6. Das Semifreddo 10 bis 15 Minuten vor dem Servieren aus der Form lösen und mit Kakaopulver bestäuben.

Variante: Dieses Semifreddo ist auch mit Puffreis aus weißer Schokolade sehr lecker.

Orangensemifreddo
mit dunklen Schokoladensplittern

Zubereitung: 25 Min.

Kochen: 10 Min.

Gefrieren: mindestens 5 bis 6 Std.

Für 6 Personen

150 ml Orangensaft

1 unbehandelte Orange

1 EL Orangenblütenwasser

40 g kandierte Orangenschale

60 g gehobelte dunkle Schokolade

330 ml gekühlte Sahne

120 g feiner Zucker

4 Eigelb

1. Die Sahne nicht zu steif schlagen. In den Kühlschrank stellen.

2. Den Orangensaft mit dem Zucker bei milder Hitze zu einem Sirup einkochen – die Temperatur sollte bei 115° C liegen.

3. Die Eigelbe mit einem elektrischen Rührgerät schlagen, den Sirup in einem dünnen Strahl unterrühren. Noch 2 bis 3 Minuten weiterrühren, bis die Masse lauwarm und cremig ist.

4. Die Orange waschen und die Schale reiben. Mit dem Orangenwasser und der Sahne zur Creme geben.

5. Die kandierte Orangenschale in kleine Silikonförmchen oder in eine mit Frischhaltefolie ausgelegte Kuchenform geben. Die Hälfte der Orangencreme darübergeben und mit der gehobelten dunklen Schokolade bestreuen. Die restliche Creme daraufgeben. Die Oberfläche glatt streichen, mit Folie abdecken und mindestens 5 bis 6 Stunden in das Gefrierfach stellen.

6. Das Semifreddo 10 bis 15 Minuten vor dem Servieren aus der Form lösen.

Tipp: Servieren Sie das Semifreddo mit einer lauwarmen Schokoladensoße.

Variante: Ersetzen Sie die gehobelte dunkle Schokolade durch Splitter von Orangenschokolade.

Asiatisches Semifreddo
mit grünem Tee und eingelegtem Ingwer

Zubereitung: 20 Min.
Kochen: 10 Min.
Gefrieren: mindestens 5 bis 6 Std.

Für 6 Personen

150 ml grüner Tee
100 g eingelegter Ingwer
(aus dem Regal mit
exotischen Produkten)
330 ml gekühlte Sahne
120 g feiner Zucker
4 Eigelb
1 TL Matchatee zum
Dekorieren (nach Belieben)

1. Die Sahne nicht zu steif schlagen. In den Kühlschrank stellen.

2. Den Tee mit dem Zucker bei milder Hitze zu Sirup einkochen – der Zucker sollte sich vollständig auflösen und eine Temperatur von 115° C erreichen.

3. Die Eigelbe schlagen, den Sirup in einem dünnen Strahl zufügen, dabei ständig rühren. Noch 2 Minuten weiter rühren, bis die Masse lauwarm und cremig ist.

4. Den eingelegten Ingwer in kleine Stücke schneiden und zur Creme geben. Die Sahne mit einem Spachtel vorsichtig unterziehen.

5. Die Teecreme in kleine Silikonförmchen oder in eine mit Frischhaltefolie ausgelegte Kuchenform geben. Mit Folie abdecken und mindestens 5 bis 6 Stunden in das Gefrierfach stellen.

6. Das Semifreddo 10 bis 15 Minuten vor dem Servieren aus der Form lösen und nach Belieben mit Matchatee bestreuen.

Vitamin-Semifreddo
mit Sauerkirschen und Müsli

Zubereitung: 20 Min.
Kochen: 10 Min.
Gefrieren: mindestens 5 bis 6 Std.

Für 6 Personen

300 g entsteinte Sauerkirschen
60 g Müsli
250 ml Vollmilch
5 Eiweiß
50 g feiner Zucker
250 g weiße Schokolade
330 ml gekühlte Sahne

1. Die Milch zum Kochen bringen. Die Eigelbe mit dem Zucker zu einer hellen Masse schlagen. Die warme Milch in einem dünnen Strahl zugeben und unterrühren. Die Mischung in einem Topf bei milder Hitze 3 Minuten erwärmen, dabei immer weiterrühren, bis die Creme am Rührer kleben bleibt.

2. Den Topf von der Kochstelle nehmen und die in Stücke geschnittene weiße Schokolade untermischen, bis sie vollständig geschmolzen ist. Abkühlen lassen.

3. Die Sahne schlagen und mit den Kirschen und dem Müsli unter die Creme ziehen.

4. Die Creme in eine mit Frischhaltefolie ausgelegte Kuchenform geben. Mit Folie abdecken und mindestens 5 bis 6 Stunden in das Gefrierfach stellen.

5. Das Semifreddo 10 bis 15 Minuten vor dem Servieren aus der Form lösen.

Walnusssemifreddo
mit Nusslikör

Zubereitung: 25 Min.
Kochen: 10 Min.
Gefrieren: mindestens 5 bis 6 Std.

Für 6 Personen

90 g Walnusskerne
4 EL Nusslikör
150 g feiner Zucker
3 Eier
90 g Puderzucker
200 ml gekühlte Sahne

1. Die Nüsse in einer Pfanne ohne Fett 3 Minuten rösten.

2. In einem Topf den Zucker mit 1 EL Wasser zu Karamell erhitzen. Die Nüsse unterrühren und die Masse auf Backpapier streichen und abkühlen lassen. Den Krokant in hagelkorngroße Stückchen brechen.

3. Die Eier trennen. Die Eigelbe mit dem Puderzucker zu einer hellen Creme schlagen.

4. Die Eiweiße zu Schnee schlagen, die Sahne nicht zu steif schlagen. Beides nach und nach vorsichtig unter die Creme heben. Den Likör und drei Viertel des Krokants unterrühren.

5. Die Nusscreme in kleine Silikonförmchen oder in eine mit Frischhaltefolie ausgelegte Kuchenform geben. Mit Folie abdecken und mindestens 5 bis 6 Stunden in das Gefrierfach stellen.

6. Das Semifreddo 10 bis 15 Minuten vor dem Servieren aus der Form lösen und mit dem restlichen Krokant bestreuen.

Tipp: Reichen Sie einen Apfel-Birnen-Obstsalat zu diesem Semifreddo.

Wunderschönes Semifreddo...
in ein paar Worten

Wenn Sie herkömmliche Kuchenformen (aus Metall oder Keramik) verwenden, sollten Sie sie mit Frischhaltefolie auslegen, damit sich das Semifreddo leichter daraus löst. Andernfalls lassen Sie es 10 Minuten in der Form ruhen oder stellen Sie es in eine Schüssel mit warmem Wasser, bevor Sie es aus der Form nehmen.

Semifreddos halten sich gut im Gefrierfach. Bereiten Sie es im Voraus zu und servieren Sie es mit Schokoladensoße, frischem Obst-Carpaccio...: So schließen Sie Ihr Menü mit Bravour ab!

Zum cremigen Semifreddo passen Nuss- oder Mandelkrokant, Biskuitstreifen oder Schokoladenstückchen, die in einem Fruchtpüree oder einer salzigen Karamellsoße schmelzen...

Variieren Sie Ihre Semifreddos nach Belieben und verfeinern Sie sie mit ganzen oder pürierten Früchten, mit Schalen von Zitrusfrüchten, Rosenwasser, Honig...

Damit die Konsistenz auch richtig „halb-gefroren" wird, gedulden Sie sich 10 bis 15 Minuten bis zum Servieren.

Wenn Sie Silikonförmchen verwenden, nehmen Sie welche mit hübschen Formen.

Heidelbeersemifreddo
mit Heidelbeerpüree und Honig

Zubereitung: 25 Min.

Kochen: 3 Min.

Gefrieren: mindestens 5 bis 6 Std.

Für 6 Personen

100 g Heidelbeeren
aus dem Glas

3 Eier

90 g feiner Zucker

1 Vanilleschote

200 ml gekühlte Sahne

Für das Heidelbeerpüree

200 g Heidelbeeren
aus dem Glas

2 EL flüssiger Honig

30 g Rohrzucker

1 Prise Zimt

1. Die Eier trennen. In einer Schüssel die Eigelbe mit dem Zucker schlagen. Die Vanilleschote längs aufschneiden, das Innere mit einem scharfen Messer herauskratzen und zu den Eiern geben. Die Schüssel in ein Wasserbad mit kochendem Wasser stellen und die Masse 4 Minuten schlagen, bis sie am Rührer kleben bleibt. Von der Kochstelle nehmen und 1 Minute weiterschlagen, bis sie vollständig abgekühlt ist.

2. Die Heidelbeeren abtropfen lassen. Die Eiweiße zu Schnee schlagen. Die Sahne nicht zu steif schlagen und mit den Heidelbeeren und dem Eiweiß zur Creme geben.

3. Die Heidelbeercreme in kleine Silikonförmchen oder in eine mit Frischhaltefolie ausgelegte Kuchenform geben. Mit Folie abdecken und mindestens 5 bis 6 Stunden in das Gefrierfach stellen.

4. Das Püree zubereiten. Die abgetropften Heidelbeeren in einem Topf bei mittlerer Hitze 2 bis 3 Minuten mit dem Honig, Rohrzucker und Zimtpulver erwärmen, dabei ständig mit einem Holzlöffel rühren. Abkühlen lassen, mit Frischhaltefolie bedecken und kühl stellen.

5. Das Semifreddo 10 bis 15 Minuten vor dem Servieren aus der Form lösen und mit dem Heidelbeerpüree servieren.

Brombeersemifreddo
mit Vanille

Zubereitung: 35 Min.
Gefrieren: mindestens 5 bis 6 Std.

Für 6 Personen

300 g Brombeeren
2 Vanilleschoten
1 EL Zitronensaft
130 g feiner Zucker
4 Eier
200 ml gekühlte Sahne
50 g gehobelte Mandeln

Dekorationsvorschlag:

Geben Sie das Brombeerpüree und die Vanillecreme schichtweise in die Form(en). Ziehen Sie mit einem Messer ein Zickzackmuster durch die Cremeschichten: So erhalten sie ein Semifreddo mit einem schönen Marmor-Effekt.

1. Die Brombeeren waschen und im Mixer mit Zitronensaft und 30 g Zucker pürieren. Kühl stellen.

2. Die Eier trennen. In einer Schüssel die Eigelbe mit dem restlichen Zucker zu einer hellen Masse schlagen. Die Vanilleschoten längs aufschneiden und das Innere mit einem scharfen Messer herauskratzen und zur Creme geben. Die Schüssel in ein Wasserbad mit kochendem Wasser stellen und die Creme 4 Minuten schlagen, bis sie am Rührer kleben bleibt. Von der Kochstelle nehmen und noch 1 Minute weiter schlagen, bis sie vollständig abgekühlt ist.

3. Die Sahne nicht zu steif schlagen, die Eiweiße zu Schnee schlagen. Beides nach und nach mit einem Spachtel unter die Creme ziehen.

4. Das Brombeerpüree in kleine Silikonförmchen oder in eine mit Frischhaltefolie ausgelegte Kuchenform geben, die Vanillecreme daraufgeben. Mit Folie abdecken und mindestens 5 bis 6 Stunden in das Gefrierfach stellen.

5. Die Mandeln in einer Pfanne ohne Fett rösten. Das Semifreddo 10 bis 15 Minuten vor dem Servieren aus der Form lösen und mit den Mandeln bestreuen.

Semifreddo
mit Krokant und Karamell

Zubereitung: 25 Min.
Gefrieren: mindestens 5 bis 6 Std.

Für 6 bis 8 Personen

2 große Baisers
100 g karamellisierte Mandeln
in kleinen Stückchen
150 g salzige Karamellsoße
4 Eier
90 g feiner Zucker
200 ml gekühlte Sahne
1 TL flüssiges Vanillearoma

1. Die Eier trennen. Die Eigelbe mit dem Zucker zu einer hellen Masse schlagen.

2. Die Eiweiße zu Schnee schlagen und unter das geschlagene Eigelb ziehen.

3. Die Sahne nicht zu steif schlagen, das Vanillearoma zufügen und unter die Creme mischen.

4. Die Vanillecreme in eine mit Frischhaltefolie ausgelegte Kuchenform geben. Mit Folie abdecken und mindestens 5 bis 6 Stunden in das Gefrierfach stellen.

5. Die Baisers grob zerbröseln und mit den karamellisierten Mandeln vermischen. Die Krokantmischung in Förmchen füllen und Semifreddo-Kugeln darüber geben. Noch 5 Minuten bis zum Verzehr stehen lassen, dann mit der Karamellsoße begießen.

Variante: Wenn Sie mögen, gießen Sie die Karamellsoße direkt in die Form, geben Sie den Krokant darauf und bedecken es mit der Hälfte der Vanillecreme. Geben Sie darauf die Baiserbrösel und zuletzt noch eine Schicht Creme. Stellen Sie das Semifreddo für 5 bis 6 Stunden in das Gefrierfach.

Exotisches Semifreddo
mit Kokosnuss und Limette

Zubereitung: 15 Min.

Kochen: 10 Min.

Gefrieren: mindestens 5 bis 6 Std.

Für 6 Personen

2 Limetten

200 ml Kokosmilch

50 g Kokosraspeln

+ Kokosraspeln für

die Dekoration

400 g gezuckerte Kondensmilch

200 ml gekühlte Sahne

Variante: Für eine knusprige Schicht ersetzen Sie die Kokosraspeln durch Kokoskekse.

1. Stellen Sie eine Schüssel in das Gefrierfach.

2. Die Limetten waschen und die Schale fein reiben – etwas davon für die Dekoration aufbewahren. Die Kondensmilch und die Kokosmilch in einem Topf 10 Minuten bei milder Hitze dicklich einkochen, dabei ständig rühren. Die Limettenschale zugeben und die Milch in die gekühlte Schüssel füllen. Abkühlen lassen.

3. Die Sahne nicht zu steif schlagen und vorsichtig unter die abgekühlte Milch ziehen.

4. Die Hälfte der Kokoscreme in eine mit Frischhaltefolie ausgelegte Kuchenform geben, 50 g Kokosraspeln darüberstreuen und die restliche Creme daraufgeben. Die Oberfläche glatt streichen, mit Folie abdecken und mindestens 5 bis 6 Stunden in das Gefrierfach stellen.

5. Das Semifreddo 10 bis 15 Minuten vor dem Servieren aus der Form lösen. Mit Kokosraspeln und Limettenschale bestreuen.

Tipp: Servieren Sie dieses Semifreddo mit feinen Scheiben einer reifen Mango.

Semifreddo
mit M & Ms und Pecannüssen

Zubereitung: 25 Min.

Kochen: 5 Min.

Gefrieren: mindestens 5 bis 6 Std.

Für 6 Personen

100 g Pecannüsse

200 g M & Ms

80 g salzige Karamellsoße

4 Eier

50 g feiner Zucker

200 ml gekühlte Sahne

Variante: Ersetzen Sie die Karamellsoße durch kleingeschnitte Karamell-Kaubonbons.

1. Die Pecannüsse 4 Minuten in einer Pfanne ohne Fett rösten, dabei mit einem Holzlöffel rühren. Abkühlen lassen und mit einem Messer grob hacken.

2. Die Eier trennen. Die Eigelbe in einer Schüssel mit dem Zucker zu einer hellen Masse schlagen. Die Schüssel in ein Wasserbad mit kochendem Wasser stellen, noch weitere 4 Minuten rühren, bis die Masse am Rührer kleben bleibt. In eine kalte Schüssel umfüllen und noch 1 Minute rühren, bis die Masse vollständig abgekühlt ist.

3. Die Eiweiße zu Schnee schlagen. Die Sahne nicht zu steif schlagen, beides nach und nach vorsichtig unter die Creme ziehen.

4. Die M & Ms grob hacken und mit den Pecannüssen unter die Creme mischen.

5. Die Hälfte der Creme in geriffelte Silikonförmchen oder in eine mit Frischhaltefolie ausgelegte Kuchenform geben, mit Karamellsoße begießen und die restliche Creme darauf geben. Mit Folie abdecken, ein Holzstäbchen in die Mitte jedes Förmchens stecken und mindestens 5 bis 6 Stunden in das Gefrierfach stellen.

6. Das Semifreddo 10 bis 15 Minuten vor dem Servieren aus der Form lösen.

Minzsemifreddo
mit Schokolade

Zubereitung: 20 Min.
Kochen: 5 Min.
Gefrieren: mindestens 5 Std.

Für 6 Personen

40 ml Minzsirup
+ zum Dekorieren
100 g dunkle Schokolade
4 Eigelb
330 ml gekühlte Sahne
Schokoladenraspeln
(nach Belieben)

1. 40 ml Minzsirup in einem Topf zum Kochen bringen. Die Eigelbe in einer Schüssel verrühren, dann den Sirup in einem dünnen Strahl dazugießen, beständig weiterrühren. Noch etwa 2 Minuten rühren, bis die Masse lauwarm ist.

2. Die Sahne nicht zu steif schlagen und vorsichtig unter die Eicreme ziehen. Die Schokolade direkt darüberreiben und untermischen.

3. Die Minzcreme in kleine Silikonförmchen oder in eine mit Frischhaltefolie ausgelegte Kuchenform geben, die Oberfläche mit einem Spatel glatt streichen. Mit Folie abdecken und mindestens 5 Stunden in das Gefrierfach stellen.

4. Das Semifreddo 10 bis 15 Minuten vor dem Servieren aus der Form lösen. Mit Minzsirup beträufeln und nach Belieben Schokoladenraspel darüberstreuen.

Tipp: Für eine schöne grüne Oberfläche gießen Sie etwas Minzsirup in die Formen und stellen sie 1 Stunde in das Gefrierfach. Geben Sie dann die Creme dazu, streichen sie glatt und stellen Sie die Form wieder für 5 Stunden in das Gefrierfach.

Semifreddo
mit Waldfrüchten

Zubereitung: 20 Min.
Gefrieren: mindestens 5 bis 6 Std.

Für 6 Personen

250 g Waldfrüchte (Brombeeren,
Himbeeren, Walderdbeeren...)
4 Eier
120 g feiner Zucker
200 ml gekühlte Sahne
gekauftes Himbeerpüreee

1. Die Eier trennen. Die Eigelbe mit 30 g Zucker zu einer hellen Masse schlagen.

2. Die Sahne nicht zu steif schlagen und vorsichtig unter die Ei-Zucker-Masse ziehen.

3. Die Eiweiße zu Schnee schlagen und den restlichen Zucker dazugeben. Der Eischnee sollte fest und glänzend sein. Dann mit einem Spachtel unter die Creme ziehen.

4. Das Obst waschen und mit Küchenpapier trocken tupfen. Dann vorsichtig unter die Creme heben, ohne es zu zerdrücken.

5. Die Hälfte der Creme in kleine Silikonförmchen oder in eine mit Frischhaltefolie ausgelegte Kuchenform geben. Das Himbeerpüree und eine weitere Cremeschicht darübergeben. Mit Folie abdecken und mindestens 5 bis 6 Stunden in das Gefrierfach stellen.

6. Das Semifreddo 10 bis 15 Minuten vor dem Servieren aus der Form lösen. Mit dem restlichen Himbeerpüree servieren.

Semifreddo
mit karamellisierten Pistazien und Mandeln

Zubereitung: 20 Min.
Kochen: 10 Min.
Gefrieren: mindestens 5 bis 6 Std.

Für 8 Personen

125 g naturbelassene
Pistazienkerne
200 g geschälte Mandeln
3 EL flüssiger Honig
150 g Trockenfrüchte
(Feigen, Aprikosen...)
100 g feiner Zucker
4 Eier
200 ml gekühlte Sahne

Tipp: Das Semifreddo
mit einem Püree von roten
Früchten servieren.

1. Die Pistazien und Mandeln in einer Pfanne ohne Fett 4 Minuten rösten, dabei rühren. 2 EL Zucker zugeben und 1 Minute karamellisieren. Beständig rühren. Abkühlen lassen und in einem Mörser grob zerkleinern.

2. Die Eier trennen. Die Eigelbe mit dem restlichen Zucker zu einer hellen Masse schlagen.

3. Den Honig in einem Topf kochen lassen. Die Eiweiße zu Schnee schlagen. Den warmen Honig in einem dünnen Strahl zufügen und beständig rühren, bis das Eiweiß glatt und glänzend ist. Dann vorsichtig unter die Eigelb-Masse ziehen.

4. Die Sahne nicht zu steif schlagen und unter die Creme heben. Die in kleine Würfel geschnittenen Trockenfrüchte sowie die Pistazien und Mandeln zufügen.

5. Die Creme in eine mit Frischhaltefolie ausgelegte Kuchenform geben. Mit Folie abdecken und mindestens 5 bis 6 Stunden in das Gefrierfach stellen.

6. Das Semifreddo 10 bis 15 Minuten vor dem Servieren aus der Form lösen.

Semifreddo
tutti frutti

Zubereitung: 35 Min.
Gefrieren: mindestens 5 bis 6 Std.

Für 6 bis 8 Personen

1 Honigmelone
300 g Kirschen
2 TL Zitronensaft
4 Eier
90 g feiner Zucker
200 ml gekühlte Sahne
gemischte Früchte (rote und
schwarze Johannisbeeren,
Himbeeren, Kiwi, Pfirsich...)

1. Die Melone halbieren, entkernen und das Fruchtfleisch in Stücke schneiden. Im Mixer mit der Hälfte des Zitronensaftes pürieren. Die Kirschen waschen und entsteinen und mit dem restlichen Zitronensaft ebenfalls pürieren. Die beiden Pürees kühl stellen.

2. Die Eier trennen. In einer Schüssel die Eigelbe mit dem Zucker zu einer hellen Masse schlagen. Die Schüssel in ein Wasserbad mit kochendem Wasser stellen und weitere 4 Minuten schlagen, bis die Masse am Rührer kleben bleibt. In eine kalte Schüssel umfüllen und noch 1 Minute rühren, bis die Creme vollständig erkaltet ist.

3. Die Eiweiße zu Schnee schlagen, die Sahne nicht zu steif schlagen. Beides nach und nach vorsichtig unter die Ei-Zucker-Masse ziehen.

4. Die Creme auf zwei Schüsseln aufteilen. Das Melonenpüree in die eine, das Kirschpüree in die andere Schüssel geben und jeweils gut vermischen. Die Kirschcreme in kleine Silikonförmchen oder in eine mit Frischhaltefolie ausgelegte Kuchenform geben und die Melonencreme daraufgeben. Eine Gabel im Zickzack durch die Füllung ziehen – Sie erhalten so ein hübsches Marmormuster. Mit Frischhaltefolie abdecken und für mindestens 5 bis 6 Stunden in das Gefrierfach stellen.

5. Die Früchte waschen, verlesen und bei Bedarf schälen und die größeren in Stücke schneiden. Das Semifreddo 10 bis 15 Minuten vor dem Servieren aus der Form nehmen. Mit den Früchten servieren.

Tiramisu-Semifreddo
das besondere Tiramisu

Zubereitung: 25 Min.
Gefrieren: mindestens 4 bis 5 Std.

Für 8 Personen

200 g Mascarpone
30 ml Marsala
12 Löffelbiskuits
150 ml kalter Espresso
4 Eier
100 g feiner Zucker
200 ml gekühlte Sahne
2 EL Kakaopulver

1. Die Eier trennen. Die Eigelbe mit dem Zucker verquirlen und dann mit Mascarpone und Marsala zu einer geschmeidigen Creme verrühren.

2. Die Eiweiße zu Schnee schlagen. Die Sahne nicht zu steif schlagen, dann nach und nach mit dem Eischnee vorsichtig unter die Ei-Zucker-Creme ziehen.

3. Eine dicke Schicht Marsala-Creme in kleine Silikonförmchen oder in eine mit Frischhaltefolie ausgelegte Kuchenform geben und die Oberfläche glatt streichen. 6 Biskuits schnell durch den Espresso ziehen und auf die Creme legen. Den Vorgang mit der übrigen Creme und den restlichen Biskuits wiederholen. Die Oberfläche glatt streichen, mit Frischhaltefolie abdecken und für 4 bis 5 Stunden in das Gefrierfach stellen.

4. Das Semifreddo 15 Minuten vor dem Servieren aus der Form lösen. Mit Kakaopulver bestreuen.

Mein Tipp:
Ersetzen Sie für Kinder den Marsala durch Kaffeearoma.

Weihnachtssemifreddo
mit kandierten Früchten

Zubereitung: 25 Min.
Kochen: 5 Min.
Gefrieren: mindestens 5 bis 6 Std.

Für 8 Personen

150 g gemischte
kandierte Früchte
20 ml Rum
50 g Rosinen
20 g gemahlene Mandeln
1 Prise Zimtpulver
4 Eier
120 g feiner Zucker
2 EL flüssiger Honig
200 ml gekühlte Sahne

1. Die kandierten Früchte in kleine Würfel schneiden und mit den Rosinen und dem Rum vermischen.

2. Die Eier trennen. Die Eigelbe mit dem Zucker zu einer hellen Masse schlagen.

3. Den Honig in einem Topf erwärmen. Die Eiweiße zu Schnee schlagen und den Honig in einem dünnen Strahl dazugießen, weiterschlagen. Noch einige Sekunden rühren, bis die Masse glatt und glänzend ist. Vorsichtig die Ei-Zucker-Masse unterziehen.

4. Die Sahne nicht zu steif schlagen und dann unter die Creme heben. Vorsichtig die kandierten Früchte, gemahlenen Mandeln und den Zimt unterrühren.

5. Die Creme in kleine Silikonförmchen oder in eine mit Frischhaltefolie ausgelegte Kuchenform geben, mit Frischhaltefolie abdecken und für 5 bis 6 Stunden in das Gefrierfach stellen.

6. Das Semifreddo 10 Minuten vor dem Servieren aus der Form lösen.

Tipp: Kandierte Früchte kann man schon gehackt kaufen. So müssen Sie sie nicht noch selber klein schneiden.

Genehmigte Lizenzausgabe für die **garant** Verlag GmbH,
Benzstraße 56, 71272 Renningen, Deutschland
www.garant-verlag.de

Deutsche Übersetzung:
Dr. Katrin Korch, Baden-Baden

Satz: Martin Jablonka, Rastatt

Die Übersetzung des Titels wurde nach Vereinbarungen mit Larousse
produziert.

ISBN: 978-3-7359-1056-1